AF229170

AVENIR

ET
RÉFORME

PAR

UN SOCIALISTE.

UNITÉ, FRATERNITÉ.
La multitude qui ne se réduit pas à l'unité est confusion; l'unité qui ne dépend pas de la multitude est tyrannie

(PASCAL. *Pensées*, 2ᵉ part., art. XVII.)

Prix : 25 centimes.

PARIS.

ALPHONSE LECLÈRE,
LIBRAIRE,
rue des Grés, 5, près l'école de Droit.

JULES LECLÈRE,
LIBRAIRE,
boulevard Saint-Martin 13.

1848

AVENIR ET RÉFORME.

Typ. Dondey-Dupré, rue St-Louis, 46, au Marais.

AVENIR

ET

RÉFORME

PAR

UN SOCIALISTE.

BIBLIOTHÈQUE ROYALE

UNITÉ, FRATERNITÉ !
La multitude qui ne se réduit pas à l'unité
est confusion ; l'unité qui ne dépend pas de
la multitude est tyrannie.
(PASCAL. *Pensées*, 2° part., art. XVII.)

Prix : 25 centimes.

PARIS.

ALPHONSE LECLÈRE, | **JULES LECLÈRE,**
LIBRAIRE, | LIBRAIRE,
rue des Grès, 5, près l'école | boulevard Saint - Martin ,
de Droit. | 13,

1848

AVENIR ET RÉFORME.

PRÉFACE.

Aujourd'hui, qu'en France, le cadran des révolutions semble avoir marqué sa dernière heure, que toute réforme, soit politique, soit sociale, ne doit plus s'opérer que par un débat pacifique ou par la pression de l'opinion publique, c'est le devoir de tout citoyen qui possède ou qui croit posséder quelque entente des besoins sociaux, d'éclairer cette opinion, levier de la puissance gouvernementale moderne ; de l'activer sans relâche, et par ce moyen de préparer la nation aux événements graves et solennels dont elle sera le guide et dont elle recueillera les fruits.

Aussi l'auteur de cette brochure croit-il que tout écrit, pour être utile, pour exercer quelque influence, doit contenir en même temps que l'expression énergique des besoins urgents de son pays, l'expression providentielle de ceux qui peuvent l'attendre dans l'avenir, et surtout le prémunir contre les mensonges intéressés de quelques soi-disants réformistes conséquents, en lui prouvant qu'il vaut mieux n'opérer progressivement (le plus promptement possible du reste) qu'un petit nombre de réformes immédiatement réalisables, que d'espérer en un monceau d'utopies et de sophismes impraticables.

C'est le but que l'auteur se propose.

I

Pour celui qui examine avec soin les tendances des esprits en Europe et en France, qui sépare, en les analysant de sa pensée, les différentes couches de la lourde atmosphère qui pèse sur nous depuis plus de cinquante ans, et qui surtout porte une active

attention sur la marche de notre société, en contradiction si complète avec
les lois immuables de la nature ; pour
celui-là le besoin d'une immense régénération sociale se fait vivement
sentir.

La France, par sa révolution de
dix-sept cent quatre-vingt-neuf, a
donné un élan nouveau à ce sentiment
naturel d'égalité et de fraternité qui
s'était rendormi dans le cœur de l'homme depuis que le Christ avait exhalé
son dernier souffle au Golgotha ! En
vain les hommes du passé, voyant avec
terreur la marche lente, il est vrai,
mais incessante de ce qu'on appelle le
progrès, ont essayé de l'enrayer ; en
vain aujourd'hui encore ils opposent

digues sur digues à ce flot envahisseur ; il les atteint, il les mouille, il les ensevelit !

Jadis, au moyen âge, comme un homme qui dans un rêve sent sur sa poitrine oppressée un poids douloureux et cherche à s'en débarrasser par de violents efforts, les peuples brisaient de temps à autres un chaînon de leur interminable chaîne, mais les gardiens des oppressifs priviléges en ressoudaient toujours les anneaux rompus ; il fallut un coup de massue pour s'en défaire ; ce fut la révolution de dix-sept cent quatre-vingt-neuf !

Dans ces jours d'impérissable mémoire, les droits de l'homme furent consacrés à jamais par l'abolition enthousiaste des rangs et des partis, de la main de ceux même qui s'en trouvaient les titulaires.

Ce fut assez !

II

Mais, dira-t-on peut-être, pourquoi donc cette révolution qui promettait une réforme sociale si complète a-t-elle si peu réalisé les espérances qu'on avait fondées sur elle?

C'est qu'elle n'eut le temps ni de détruire les superstitions, qui ne firent que changer de direction, ni d'éteindre la haine entre les castes dont elle avait allumé l'incendie :

C'est qu'elle n'eut que le temps de poser les principes, cette solide et première assise du monument de l'avenir !

C'est que les législateurs qui avaient pu s'entendre sur la théorie ne purent s'entendre dans la pratique que pour s'envoyer à l'échafaud !

C'est que le lendemain que ce terrible coup de tonnerre eut retenti dans le monde, la France eut à vaincre, pour se défendre, vingt nations coalisées contre elle !

C'est qu'après être revenue victorieuse de tous ces longs et rudes combats, lorsqu'elle voulut regarder autour d'elle, se reposer, et dans la paix pratiquer ses réformes, elle se trouva sous la main de fer du colosse des temps modernes !

Voilà les obstacles que la révolution rencontra !

III

Quand la *république* eut accompli son œuvre de défense, *Napoléon* vint !

Il parut d'abord vouloir suivre les principes immuables que la *constituante* avait posés ; il accomplit quelques-unes des réformes les plus urgentes : on espérait !

Mais au milieu de l'enivrement de ses victoires, il oublia sa mission ; il ne se rappela plus que d'Alexandre, de César et de Charlemagne ; il constitua une aristocratie impériale, caste militaire, qu'il revêtit de majorats : il oubliait son passé !

Aussi, malgré la popularité du grand empereur, lorsque la vieille race détestée des Bourbons revint tenant à la main la Charte qui sanctionnait les droits des peuples, elle fut reçue à bras ouverts !

Celle-là aussi oublia ses promesses ; forcée pour mettre les esprits de son côté de céder quelque chose à l'esprit des temps, elle n'avait voulu, en présentant ces immunités en expectative, que leurrer les peuples; elle essaya donc de reprendre pièce à pièce la puissance qu'elle avait perdue; elle tomba !

IV

Mais ce qui n'est que logique pour tout esprit sérieux, une contradiction si flagrante entre les faits et les principes dut amener un résultat funeste ?

En effet !

La révolution, en remplaçant par des coups d'état nombreux, successifs, et par des lois ou mesures provisoires, la marche nécessairement lente, mesurée et mûrement pesée de tout changement ou de tout acte social, fit naître cette incertitude, cette peur qui remue au fond de tout cœur humain, lorsque la sûreté personnelle, le besoin de conservation, peuvent être mis en doute.

On le sait : c'est ce qui jeta la France entre les bras de *Napoléon !*

Qu'en résulta-t-il ?

Chacun n'eut d'autre but que de s'entourer de tout moyen préservatif.

Pour cela il fallait devenir fort, puissant ;

L'or était le seul levier de la puissance :

On dut tout sacrifier pour se le procurer.

C'est ce qui arriva !

Alors s'éteignirent dans les âmes tous les sentiments naturels, toutes les affections : la dignité, l'indépendance, l'humanité, l'amitié, la famille même !

Alors les caractères se façonnèrent à cette existence affreuse et factice, et ceux qui au prix de tant de sacrifices, au prix de tant de lâchetés et de tant de sueurs, parvinrent à ce pouvoir dont j'ai parlé plus haut, s'absorbèrent en eux-mêmes, dans leur or, dans la satisfaction brutale des sens, et se bouchèrent les oreilles pour ne pas entendre les cris des malheureux du milieu desquels ils venaient à peine de sortir.

Ils devinrent *conservateurs !*

Et ces hommes n'eurent plus d'autre tâche que de *conserver !*

A chaque mouvement *social* ils se jetèrent, par la force de leur existence même, dans les bras du pouvoir qui venait leur garantir cette *conservation !*

Une école, un parti dont la politique fut l'étouffement de l'émancipation des masses, et l'absorption de tous les pouvoirs et de tous les droits au profit de la bourgeoisie se forma à leur image : ce fut le parti *doctrinaire !*

C'est le fils de *Talleyrand !*

Je me tairai sur lui.

Alors l'égoïsme vint, rongeant de son chancre hideux les entrailles et le cœur de cette société désordonnée.

Et après avoir tout rongé, il a laissé pour couronner son œuvre :

Chez les rassasiés :

La peur, l'ennui et la débauche !

Et chez les autres :

L'*envie*, de n'avoir pu assouvir la soif ardente des richesses changée en haine !

Voilà ce qu'il faut guérir, voilà ce qu'il faut pallier, avant de tenter les réformes les plus importantes.

Ce sera l'œuvre la plus rude et la plus glorieuse du *socialiste*.

V

Serait-ce une révolution, par hasard, qui guérirait ces maux ?

Visiblement non !

Une révolution, en effet, en suivant les conséquences des précédents que je viens d'établir, ne serait aujourd'hui que l'assouvissement fréné-

tique, implacable, de tous les appé-
tits sensuels si longtemps comprimés.

Ce serait ramener un chaos cent
fois plus terrible que celui de dix-sept
cent quatre-vingt-treize !

Et, du reste, toute bonne propor-
tion gardée, les révolutions, on n'en
a acquis que trop souvent la preuve,
n'ont jamais servi qu'aux charlatans
politiques !

VI

Une révolution n'est donc pas né-cessaire, les principes étant consacrés.

Un seul but est à atteindre :

Ce but, c'est rallier les faits aux principes.

Peut-on le faire d'une manière complète immédiatement?

Non!

Les différences d'éducation, les castes encore existantes, dans les idées sinon dans les faits, ne le permettraient pas.

En effet, une réforme progressive est nécessaire.

Et même il faut préparer le terrain pour qu'il permette l'accomplissement de cette réforme.

Aujourd'hui, préparer le terrain, c'est faire converger les idées de tous vers ce centre commun : *la réalisation de la plus grande masse de bonheur possible, au profit de tous.*

Ce sera l'époque de transition.

Mais que demande une époque de

transition pour produire d'utiles résultats?

De la bonne foi de la part de ceux
qui désirent et demandent des réformes.

La connaissance complète des besoins sociaux (c'est-à-dire moraux et
physiques) de toutes les classes.

La preuve apportée toujours à côté
de la demande.

VII

Ici se place cette question :

Peut-on espérer trouver en ce moment quelques-unes des semences né-
cessaires pour rendre féconde une
époque de transition?

Je réponds affirmativement.

Il existe à cette heure en France

plusieurs catégories de ces citoyens qu'on appelle *réformistes* (1).

(1) On entend par *réformiste*, celui qui désire, propose, ou appuie des réformes.

1

D'abord les *libéraux*.

Les *libéraux* forment une fraction immense du parti *conservateur*.

Parties intégrantes de la bour-geoisie, comme les *conservateurs purs* ils sont doctrinaires, comme eux, ils rejettent toute amélioration qui pourrait se trouver utile à d'autres qu'à eux seuls.

A ce propos, je vais essayer de faire l'exposé de leur formation et de leur tactique.

Dans tout gouvernement, mais principalement dans le *constitutionnel*, il existe toujours quelques individus qui désirent des emplois ou des honneurs, soit qu'ils n'en aient pas, soit que ceux dont ils sont dotés leur paraissent trop faibles.

S'ils éprouvent des refus pour leurs obsessions, ils se rassemblent et forment un groupe auquel ils donnent des chefs, et deviennent alors ce qu'on appelle une opposition.

Tels sont les *libéraux*.

Disposés en corps de bataille, ils combattent tous les ministères qui ne ressortent pas directement de leur influence ; ils en attendent et préparent la chute, pour se précipiter sur la curée des *portefeuilles* et des *places* ; seulement comme il leur faut, pour renverser le ministère qu'ils combattent, présenter au moins quelque réforme qui prouve leur utilité aux affaires, ils en choisissent une, bien petite, bien apparente, bien insignifiante quant à l'exécution, l'adoptent comme drapeau, et viennent ensuite, les chefs s'emparer des *portefeuilles*, les soldats des *places* les plus lucratives.

Ce sont ces charlatans dont il faut déjouer les ruses.

Telles sont, d'après moi, les idées et la conduite de la presque totalité des citoyens qu'on appelle *libéraux*.

Mais il en existe cependant quelques-uns qui, quoique conservateurs aussi, sont, de bonne foi, d'une opposition continuelle.

Pour ceux-là, ils ont un but profond, *machiavélique.*

Il faut, disent-ils, qu'il y ait des opposants quand même au pouvoir, pour l'empêcher de s'endormir!

2

Après les *libéraux* viennent les *radicaux*.

Ceux-là veulent une réforme *radicale*, complète, immédiate, et sans transition aucune, dût-il, *du moins c'est l'opinion générale*, en résulter une catastrophe violente.

Ces motifs ont fait naître dans l'esprit du plus grand nombre, peut-être avec raison, des doutes sur la sincérité d'un véritable plan de conduite ayant pour but le salut et le bonheur de l'humanité.

Et ce qui le prouverait, c'est que tout en prétendant pouvoir seuls régénérer la société, ils n'ont jamais présenté de plan de réformes.

S'imaginent-ils donc que la société bouleversée par eux se réorganiserait d'elle-même, rien que par l'effet de sa pondération?

Mais les *radicaux*, s'ils ne sont pas charlatans, sont assurément exclusifs et arbitraires.

Leur devise en est la preuve : Avec

nous ou contre nous, disent-ils. On peut presque certifier que si la régénération qu'ils demandent dût être accomplie par d'autres que par eux, ils la refuseraient, car ils ne la trouveront valable qu'alors que la conduite des affaires sera remise entre leurs mains !

On a beaucoup parlé dans ces derniers temps de certains *radicaux socialistes*, admettant la *transition* :

Ne connaissant ni leurs personnes, ni leurs doctrines, je ne puis qu'attendre les actes ou les circonstances qui les feront paraître au grand jour.

3

En troisième lieu viennent les réformistes, qu'on comprend le plus souvent sous la dénomination générale de *socialistes*.

Ce sont les *fouriéristes*, les *communistes*, les *saint-simoniens*, les *icariens* et autres.

Ces sectes s'accordent toutes quant à leur base.

Monopole entre les mains d'un être collectif, nommé État.

Mais elles diffèrent quant au moyen d'application de ce monopole.

Plus consciencieuses que les *réformistes* dont j'ai parlé plus haut, et même peut-être dans le vrai sens, mais, à coup sûr, pour des temps plus éloignés, elles ont toujours créé un être idéal, un mythe, à la place de l'homme qu'elles avaient sous les yeux ; et tout en inventant, dans leurs utopies, un océan de bonheur pour cet idéal, elles ont toujours laissé le malheureux vivant dans sa misère, dans le chaos de ses vices, sans faire un pas pour l'en retirer.

Mais, si ces sectes sont animées de bonnes intentions, elles ne sont pas cependant moins dangereuses que les *radicaux* et les *libéraux*.

En effet, quoique rejetant les idées de révolution, elles font naître dans les imaginations frappées de leurs écrits des espérances qui, toujours déçues, finissent par les rendre incrédules aux réformes praticables.

4

Enfin nous arrivons à ces citoyens qui, quoique *réformistes socialistes*, ne sont cependant d'aucune des sectes que je viens d'énumérer.

On pourrait même les comprendre, sans erreur, sous la dénomination d'*école réformiste de la transition*.

Prudents parce qu'ils craignent, tout en désirant ardemment les réformes qu'ils trouvent urgentes, de compromettre par une précipitation fatale le faible bonheur que l'humanité a conquis avec peine à travers tant de siècles d'efforts, ils ne croient pas la destruction de la propriété possible anjourd'hui, ni dans l'idée ni dans le fait; ils croient même, qu'en la laissant encore souveraine, on peut pratiquer cependant ces deux réformes principales : *l'éducation publique* et *l'organisation du travail*.

Dans leur certitude de la possibilité de réaliser certaines réformes avec les moyens d'action fournis par les lois actuelles, ils répondent à ceux qui demandent la manière dont on s'y prendra avec les récalcitrants,

Qu'il existe une loi d'*expropriation forcée pour cause d'utilité publique*, *avec indemnité*, qui, toute moderne, semble placée là pour permettre la pratique des réformes.

Ces nouveaux venus parmi les *socialistes* ne forment pas, à proprement parler, un parti; quoique nombreux, et même les plus nombreux, ils sont disséminés çà et là sans se connaître entre eux.

Mais ils ne seront pas longtemps sans se réunir, sans se grouper, sans former une masse compacte qui produira des résultats utiles, fera marcher l'esprit du temps, et finira, je l'espère, par attirer à elle les hommes de bonne foi de tous les partis !

Ce sont ceux-là qui portent en eux les germes *réformistes*, qui seront les plus prompts à fructifier.

CONCLUSION.

CONCLUSION.

Dans ces quelques lignes rapides, j'ai essayé d'esquisser la physionomie politique et morale de mon pays. J'ai suivi pied à pied les causes et les effets.

J'ai porté mon attention sur la désorganisation qui nous atteint de jour en jour.

J'ai vu que toutes les idoles, que toutes les croyances sur lesquelles le temps avait appelé la vénération humaine, ne rencontraient plus qu'incrédules, les reniant avec amertume et mépris.

J'ai déroulé le tableau des partis qui s'agitent en ce moment, la plupart sans but fixe, passant de la joie au désespoir, selon les alternatives de leur ambition comblée ou déçue.

J'ai montré les *libéraux*, partie intégrante de la bourgeoisie, ne désirant et n'appuyant que des réformes utiles à eux seuls.

J'ai montré les *radicaux*, se flattant que leur entrée aux affaires suffirait pour conjurer la désorganisation et remettre tout en droit chemin.

J'ai dit un mot des socialistes en général, puis j'ai parlé de tous ces hommes *transitoires* prêts à appuyer les réformes les plus urgentes, de ces citoyens, sensés, réfléchis, que chacun semble ignorer, et qui s'ignorent la plupart eux-mêmes faute d'un drapeau !

En poursuivant le développement de ces idées, j'aurais pu n'armer ma plume que du fiel de la satire et de l'indignation, et comme tant d'autres attiser les haines en peignant aussi sous des aspects terribles le tableau déjà si triste de la misère et de l'iné- galité sociale ; je ne l'ai pas voulu, je savais trop que la plupart de ceux qui semblent s'indigner le plus de nos désordres n'en sont le plus souvent que les infâmes appuis.

J'ai mieux aimé tenter l'œuvre de conciliation, faire un appel aux hommes de bonne foi et de logique de tous les partis, à ces hommes qui comprennent l'utilité et la nécessité de la centralisation, qui savent que là seul le bonheur est réalisable, et sont pénétrés de cette pensée toute moderne de *Pascal*, que la multitude qui ne se réduit pas à l'unité est confusion, et l'unité qui ne dépend pas de la multitude tyrannie.

Mais je leur dis : Ne détruisez plus sans être sûrs de reconstruire immédiatement, et cela sans bouleversement social ; aidez à l'effusion des lumières socialistes ; essayez de rapprocher par les idées les diverses classes de la société encore si distantes les unes des autres ; dévouez-vous à cette grande cause, quelque carrière que vous embrassiez, et surtout n'oubliez jamais qu'il n'y a qu'une transition progressive qui puisse en ce moment produire d'heureux résultats.

Ici l'on m'arrêterait peut-être.

Mais, me dirait-on, la politique ne vous intéresse-t-elle donc pas?

La politique n'a pour moi qu'une importance fort secondaire.

Que m'importe en effet que tel ou tel parti politique l'emporte et devienne maître des affaires, s'il n'est pas l'expression *véritable* de l'*immense* majorité *éclairée*, de la nation tout entière?

Que m'importe que tel parti gouverne, étant même le produit, l'expression de la majorité de la nation tout entière, mais inéclairée, et par conséquent facile à se laisser entraîner par les sophismes de quelques charlatans?

Ce qu'il importe donc de faire, c'est d'éclairer la nation.

C'est là que doivent tendre les efforts continus de tous ceux qui se disent dévoués à la propagation des idées socialistes.

Éclairer!

Mais pendant ce temps accepter et même appuyer toute réforme matérielle ou politique, si petite qu'elle soit.

S'unir pour obtenir le plus tôt possible l'immense réforme de l'éducation publique.

Éclairer !

Pour que la nation sache quelle réforme choisir de toutes celles qu'on lui propose.

Tel est mon but en publiant cette brochure ; mais, quoique homme de transition, je ne suis cependant pas sans idéal social, si je puis m'exprimer ainsi.

En effet, je crois nécessaire comme dernière centralisation, comme unité stable dans l'avenir, une *fonctionocratie unitaire, basée sur l'ina-*

movibilité, *l'élection et l'éligibilité.*

Je crois que c'est à toucher ce but que doivent tendre tous les efforts *transitoires.*

Aussi, dans les brochures que je publierai peut-être dans la suite sur les principales réformes, si celle-ci obtient quelque succès, embrasserai-je toute question sous ce double point de vue, le point de vue de réforme absolue, le point de vue de réforme *transitoire.*

Ces réformes sont :

Les réformes

— — de l'enseignement,

— — du travail,

— — agricole,

— — commerciale,

— — médicale,

— — pénale,

— — judiciaire,

— — électorale.

De là fonctionnocratie unitaire, basée sur l'inamovibilité, l'élection et l'éligibilité.

BIBLIOTHÈQUE ROYALE

Typ. Dondey-Dupré, rue St-Louis, 46, au Marais.